15 A 91.

CORPS LÉGISLATIF.

CONSEIL DES CINQ-CENTS.

RAPPORT

FAIT

Par BOULAY (de la Meurthe),

Au nom de la commission chargée de présenter ses vues sur les deux problémes suivans :

1°. Quelles sont les mesures d'ostracisme, d'exil & d'expulsion les plus convenables aux principes de justice & de liberté, & les plus propres à consolider la République ?

2°. Y ayant entre le Corps législatif & le Directoire une opposition telle que la marche du gouvernement soit entravée & la chose publique compromise, quel est le moyen politique & régulier, le plus capable de prévenir cette crise, & de rétablir la marche constitutionnelle des pouvoirs.

Chargée aussi de présenter des mesures sur les ci-devant nobles & anoblis.

Séance du 25 Vendémiaire an 6.

A PARIS,

DE L'IMPRIMERIE NATIONALE.

Vendémiaire an 6.

L 43
Le 1463

RAPPORT

FAIT

Par BOULAY (de la Meurthe),

Au nom d'une commission composée des citoyens Jean Debry, Lamarque, Huot, Oudot, Engerrand, Sieyes & Boulay (de la Meurthe),

Sur les ci-devant nobles & anoblis.

Status ille popularis multò pacatior est, atque minùs factionibus & turbis obnoxius, ubi non sunt stirpes nobilium : illic enim in res ipsas oculi hominum conjiciuntur, non in personas ; vel si omninò in personas, id fit tanquam in maximè idoneis rebus gerendis, minimè verò ut ratio habeatur insignium aut imaginum.

(Ex Bac.)

CITOYENS REPRÉSENTANS,

Votre commission chargée d'abord de vous présenter ses vues sur la solution des deux problèmes politiques qui vous avoient été proposés, saisie ensuite de l'examen des divers projets qui vous avoient été présentés sur les ci-devant nobles, a cru devoir s'occuper avant tout de ce dernier objet, comme étant aussi grave & beaucoup plus urgent que les deux autres.

En y réfléchissant, & en l'envisageant sur-tout dans ses rapports avec notre situation politique, nous avons été frappés d'une première vérité : c'est qu'il existe une incompatibilité réelle entre la République & toute espèce de noblesse fondée sur des distinctions de naissance & de titres héréditaires.

Cette vérité nous a conduits à une seconde : c'est l'état de guerre qui, depuis l'origine de la révolution, doit exister & existe véritablement entre la ci-devant noblesse & la République, entre les ci-devant nobles & les républicains.

Ces deux vérités bien senties nous ont conduits naturellement à la découverte des mesures les plus propres à faire cesser cet état de guerre, ou du moins à garantir à jamais la République du péril imminent dont il continue à la menacer.

Pour adopter ces moyens, il vous suffira sans doute de vous pénétrer, ainsi que nous le sommes, des vérités importantes qui leur servent de fondement.

Or ces vérités nous ont été démontrées en raisonnant d'après la nature des choses, d'après la connoissance du cœur humain, d'après une série de faits connus & incontestables.

Voyons d'abord ce qu'étoit la noblesse, & d'où elle provenoit originairement.

On sait que la noblesse française, ainsi que celle des autres états de l'Europe, avoit eu sa première source dans une armée conquérante.

Une armée a un chef, une hiérarchie d'officiers : de là l'origine d'un seigneur suzerain, & d'une classe distinguée qui s'en rapproche plus ou moins.

Une conquête suppose un territoire envahi & un peuple vaincu.

Le territoire fut partagé entre les vainqueurs & distribué à chacun, selon son grade, sous la forme de *bénéfice*, à charge du service militaire.

Les habitans furent donnés avec la terre au bénéficier, comme des instrumens d'agriculture: de là l'esclavage de la personne dépendant de celui de la glèbe.

Les bénéfices, donnés d'abord à vie, devinrent héréditaires, ce qui amena par degré le gouvernement féodal, fondé sur le double servage des personnes & des choses, & consistant dans une hiérarchie de vasselages & de seigneuries.

Non-seulement les seigneurs se firent la guerre entre eux, mais les grands vassaux rivalisèrent avec le monarque lui-même, se prétendant indépendans & souverains comme lui dans leurs domaines respectifs.

Il est inutile de rappeler ici les efforts plus ou moins heureux qui eurent lieu, dans les différens âges de la monarchie pour affoiblir les prétentions des grands & les soumettre par degrés au pouvoir de la couronne.

Nous dirons seulement que cette lutte continuelle entre eux & le monarque fut ce qui contribua le plus à la diminution progressive de la servitude du peuple; le monarque le protégeant, l'affranchissant & faisant cause avec lui contre la noblesse également ennemie & de l'un & de l'autre.

Après une résistance de plusieurs siècles, les nobles, se voyant enfin forcés de renoncer à toute prétention d'indépendance & de souveraineté particulière, se soumirent à l'ascendant de la couronne, & bientôt s'attachèrent à l'envi à en augmenter la prérogative, en la présentant comme la source exclusive de tous les pouvoirs publics, & en qualifiant le monarque de souverain & de maître.

Mais quel étoit leur but en élevant si haut son pouvoir? C'étoit, ne pouvant plus régner par eux-mêmes, de régner sous son nom. Ils se firent les esclaves du roi pour mieux tenir le peuple dans l'esclavage; ils consentirent de ramper bassement à la cour, pour avoir le droit de verser sur le peuple le mépris & l'opprobre.

Ainsi donc, par l'effet d'une convention dont le peuple fut le prix, le roi fut reconnu maître absolu, sa volonté, son plaisir faisant la loi suprême : les nobles eurent l'exercice de ce pouvoir; la possession exclusive du crédit, des faveurs, de toutes les places supérieures leur étant assurée. La monarchie fut regardée comme le patrimoine de la famille régnante, & les divers emplois du gouvernement, toutes les charges importantes du clergé, de la robe & de l'état militaire, comme le patrimoine commun de la noblesse. Le fondement de ce droit étoit pour l'une & l'autre la naissance & les titres héréditaires. Le monarque ne devoit compte qu'à Dieu, & les nobles qu'au monarque.

Tel étoit l'ancien régime, par où l'on voit clairement que la nation étoit la propriété, *la chose particulière* de la famille régnante & de la noblesse.

Ce régime politique avoit pour appui un régime moral parfaitement analogue, & consistant dans les préjugés, les superstitions & les habitudes les plus propres à tenir le peuple dans l'ignorance, la dégradation & l'esclavage.

Cependant, malgré cette conspiration, le temps & des circonstances heureuses ayant affoibli par degré la servitude réelle & personnelle, le travail & l'industrie adoucirent un peu la condition du peuple; les arts & les sciences dissipèrent insensiblement les ténèbres de l'ignorance. Leur ascendant s'étendit jusques sur les oppresseurs qui les favorisèrent même quelquefois sans se douter qu'ils préparoient en cela la chûte de leur tyrannie. La raison, la philosophie vinrent ensuite, qui, bien que persécutées constamment, ébranlèrent pas à pas l'empire des préjugés & des superstions.

Le concours de ces causes & de plusieurs autres, occasionnées principalement par les vices & les excès d'une noblesse & d'une cour corrompues, donna lieu en 1789 à une Assemblée d'états-généraux, où le peuple, sous le nom de *Tiers-état*, eut ses députés.

Ceux-ci, considérant que c'étoit dans le tiers-état que résidoit essentillement la nation; que, par le déploiement de tous les genres de travail & d'industrie, par le progrès des lumières & le développement des vertus, le peuple étoit parvenu à un tel degré de force physique & morale, que, sous aucun rapport, la caste des nobles ne pouvoit plus lui être comparée, sentirent qu'il étoit temps de le tirer de l'asservissement où le tenoit cette caste depuis des siècles.

Prenant donc tout-à-coup un vol sublime, & se plaçant à la hauteur des principes les plus élevés & les plus vrais, ils ne virent plus en eux que les députés de la nation, & se constituèrent *Assemblée nationale* représentative, & bientôt après Assemblée constituante.

C'étoit proclamer la souveraineté du peuple; c'étoit dire que la loi est l'expression de la volonté générale; que tous les citoyens sont égaux devant elle; qu'ils doivent être admis à toutes les places sans autre distinction que celle des talens & des vertus; qu'ils doivent être soumis aux mêmes charges en proportion de leurs facultés, & aux mêmes peines quand ils auroient commis les mêmes délits : c'étoit établir la liberté & l'égalité des droits, c'étoit proscrire toutes les distinctions de naissance & de titres héréditaires, c'étoit anéantir la noblesse.

C'étoit par conséquent renverser l'ancien régime, qui consistoit essentiellement dans le droit ou la *chose particulière* d'une caste privilégiée, c'étoit y substituer le droit *ou la chose de tous*, enfin c'étoit fonder la *République*.

Peut-être s'étonnera-t-on de nous voir attribuer à l'Assemblée constituante la fondation de la République : mais ce seroit faute d'avoir réfléchi sur la nature des choses & les premiers élémens de l'économie sociale. Pour peu qu'on en ait connoissance, il suffit de parcourir seulement les premières pages de la Constitution de 1791, pour y appercevoir les bases fondamentales de la République.

A la vérité, l'Assemblée constituante laissa subsister la monarchie & la famille régnante ; & en cela il faut peut-être convenir qu'elle fut obligée de respecter le préjugé national, & qu'en voulant le fouler aux pieds, elle auroit pu manquer son but. Mais en respectant le nom de royauté, il est certain qu'elle en dénatura la chose en proclamant Louis XVI roi des Français, chef - délégué du Pouvoir exécutif, premier fonctionnaire public, & enfin représentant de la nation. En républicanisant ainsi le Pouvoir exécutif, la plus grande faute de cette Assemblée fut de le confier à un homme & à une famille, qui, se voyant dépouillés par la Constitution existante, non-seulement ne pouvoient pas l'aimer, mais devoient chercher à la détruire.

La Cour, composée principalement de nobles, devint le principal foyer de la contre-révolution.

De leur côté, les républicains, bien convaincus que cette cour anéantiroit la liberté, si elle n'étoit anéantie par elle, & que la royauté, quoique constitutionnalisée, n'étoit dans la Constitution qu'un alliage monstrueux & funeste, les républicains, dis-je, se hâtèrent d'attaquer le trône, & bientôt il fut renversé.

L'Assemblée législative, se plaçant sur ses débris, proclama *la liberté & l'égalité*, bases essentielles de la République. Enfin la Convention nationale abolit la royauté & proclama la République. Chose étrange ! depuis l'Assemblée constituante, nous n'avions plus que le fantôme de l'ancienne monarchie ; la République existoit déja ; la France entière l'avoit adoptée & chérie, & cependant le mot de république effrayoit la plupart des esprits. On aimoit la chose publique ; on étoit républicain sans s'en douter, & on craignoit d'en porter le titre ; & l'Assemblée législative elle-même, quelques jours avant le 10 août, avoit voué ce titre à une sorte d'exécration. O bizarrerie de l'esprit humain ! ô ignorance des chofes ! ô puiffance trop fouvent aveugle & funefte des mots ! C'eft ainfi que l'univers eft conduit, c'eft ainfi que le peuple romain perdit fa liberté, c'eft ainfi que les Français & les patriotes eux - mêmes fe font prefque toujours divifés, tourmentés, déchirés, & tout cela, faute de s'entendre.

Pourquoi le nom, le nom feul de république nous faifoit - il tant de peur ? C'eft que l'intérêt des rois & des nobles y avoit attaché des idées fauffes, & en avoit fait un fantôme effrayant. La Convention nationale montra donc un très-grand courage en proclamant la République : elle en a montré davantage encore en l'arrachant aux factions, aux horreurs, à tous les genres de brigandages, fufcités par le fanatifme royal & nobiliaire pour la couvrir d'opprobre & l'enfevelir fous fes ruines. La conftitution de l'an 3 couronna les longs & pénibles efforts de la Convention nationale ; mais cette conftitution, également affife fur des fondemens républicains, loin d'arrêter les ennemis de la République, n'a fait qu'augmenter leur rage. Ils ont continué leur plan de deftruction ; ils l'ont fortifié par de nouvelles combinaifons plus adroites & plus perfides ; enfin ils l'avoient pouffé fi loin que, fans le 18 fructidor, la République, ruinée, ébranlée de toutes parts, alloit s'écrouler & s'anéantir.

A la vue d'un tel danger, qui n'a pu être détourné que par une mefure extraordinaire, mais qui peut, mais qui doit même fe reproduire encore naturellement, fi on ne le prévient, il eft temps enfin de remonter à la fource du mal, d'en fonder la profondeur, & d'y apporter les remèdes néceffaires.

Voilà, citoyens repréfentans, ce que nous avons à faire, fi nous voulons fauver la République & les républicains.

Recueillons donc nos idées, & cherchons quel eft le plan de confervation le plus fûr & le plus convenable.

Sans doute, la République a des ennemis de plus d'une efpèce & au dedans & au-dehors. Elle a contre elle beaucoup de préjugés, beaucoup de passions particulières ; mais ce ne sont là que des ennemis passagers & de circonstance que le temps, l'instruction, de bonnes institutions, & une amélioration successive dans la chose publique, ràmeneront & guériront insensiblement. Elle a contre elle les armées des puissances coalisées ; mais ce n'est là qu'un foible danger dont le courage de nos guerriers nous garantira facilement. Elle a contre elle aussi beaucoup de plébéiens ; mais là plupart ne sont qu'ignorans & égarés : il suffira de les éclairer, & de leur faire sentir que, sans le savoir, ils agissent contre leur propre intérêt, & bientôt on les verra se rallier au drapeau républicain. Quant aux vils suppôrs, aux bas valets de la tyrannie royale & nobiliaire, qui, pour la servir, n'ont pas rougi de trahir la cause nationale, ce sera déja faire beaucoup contre eux que de porter la lumière sur l'excès de leur dégradation, & de mettre leur infamie en évidence. Nous saurons d'ailleurs les atteindre par de justes punitions ; & si tout cela ne suffit pas, nous finirons par leur donner des titres de noblesse, & les traiter comme les esclaves du roi de Blanckembourg.

Mais quels sont les ennemis éternels, irréconciliables de la République, ceux qui voudront toujours la détruire, & qui, dans tous les temps, auront le plus de moyens pour en venir à bout ? ce sont les individus de la caste nobiliaire. Pour se pénétrer de cette vérité, & agir en conséquence, il n'est pas nécessaire de se livrer contre eux à une indignation qui ne seroit que trop juste ; il ne faut pas se guinder l'imagination & se la remplir de fantômes : il suffit d'ouvrir les yeux, de consulter le simple bon sens, & de ne pas manquer tout-à-fait de prévoyance & de courage.

D'abord il est plus clair que le jour que toute espèce de noblesse fondée sur des distinctions de naissance & de titres héréditaires est essentiellement incompatible avec la République.

Qu'est ce, en effet, que la *République* ou *la chose publique ?*

c'eſt la choſe de tous les citoyens, c'eſt le concours de toutes les volontés, de tous les intérêts, de tous les droits à une volonté, à un intérêt, à un droit commun & ſouverain. La République eſt donc eſſentiellement fondée ſur la ſouveraineté du peuple, ſur la loi ou la volonté générale, ſur la liberté ou l'indépendance naturelle, reſtreinte uniquement par la loi, enfin ſur l'égalité, tant abſolue que proportionnelle, des droits. Or ces principes ſont évidemment inconciliables avec toute idée de nobleſſe ou de prérogative fondées ſur des diſtinctions de naiſſance & de titres héréditaires. Donc toute prérogative, toute nobleſſe de ce genre, eſt eſſentiellement incompatible avec la République. Ces deux choſes étant excluſives l'une de l'autre, ne peuvent pas être combinées dans le même plan, & réſider ſur la même aſſiette. En vain, diroit-on, que dans quelques états, ſoit anciens, ſoit modernes, cette combinaiſon politique a eu lieu, & qu'ainſi elle n'eſt ni impoſſible ni par conſéquent impropoſable : nous répondrions d'abord que la nobleſſe de ces états étoit bien différente de celle qui exiſtoit dans l'ancien régime ; en ſecond lieu, nous dirions que cette combinaiſon monſtrueuſe & forcée fut toujours, dans ces états, une ſource de diviſions funeſtes, & qu'après une lutte continuelle & plus ou moins longue entre la République & la nobleſſe, il a toujours fallu que l'une cédât la place à l'autre, & diſparût devant elle. Nous pourrions ajouter que, pour mieux tromper le peuple, il eſt ſouvent arrivé que la nobleſſe, en détruiſant la République, en a conſervé le nom, couvrant de ce beau nom une odieuſe oligarchie. Telle étoit la république de Veniſe, telle étoit celle de Gênes, telles ſont celles de pluſieurs autres états qu'il eſt inutile de nommer. Ces prétendues républiques ſont auſſi différentes de la vraie république, que le fantôme l'eſt de la réalité. De cette manière auſſi, l'ancien régime étoit républicain, & certes il s'eſt trouvé des hommes aſſez, ou ignorans ou lâches, pour lui donner ce nom.

Voilà ce qui résulte de l'histoire & de l'observation, en sorte qu'ici l'expérience est d'accord avec la théorie pour démontrer l'incompatibilité absolue qui existe entre la noblesse & la République.

Cette première vérité bien établie nous conduit à une seconde, qui n'en est que la conséquence naturelle : c'est que depuis l'établissement des premières bases de la République, il a dû exister, & que, dans le fait, il a existé, qu'il existe encore de la part des ci-devant nobles établis une guerre tant extérieure qu'intérieure, tendante à faire périr la République & les républicains.

Nous disons d'abord que cette guerre doit exister, &, pour le prouver, nous invoquons la connoissance du cœur humain. Quel est le grand mobile des actions humaines ? c'est l'intérêt, c'est l'amour du pouvoir. Cette tendance de l'homme, fondée sur l'amour de soi, sur le desir de son bien-être, est éternelle, indestructible ; c'est le ressort de la nature humaine, c'est celui des sociétés politiques. Si le législateur cherchoit à le comprimer, il agiroit contre le bon sens, contre l'intérêt public. Il faut, au contraire, qu'il s'étudie à le développer, à le fortifier, mais en régularisant son mouvement, en lui donnant une direction qui non-seulement ne soit pas nuisible, mais qui soit utile à la société. Or, pour y réussir, il faut qu'il s'empare de l'homme à son berceau ; il faut qu'il préside aux premiers développemens de son ame & à la formation de ses habitudes. Si elles se forment sans lui, & que le systême en soit contraire à ses vues, il ne faut pas qu'il compte jamais sur cet homme pour leur succès ; plutôt il doit s'attendre à trouver de sa part une opposition constante, & dans ce cas, il faut que le législateur cède à cet homme, ou que cet homme cède au législateur : voilà le cœur humain, voilà sa nature invariable.

Or, dans l'ancien régime, les nobles jouissoient de tout ; ils en jouissoient exclusivement par le droit de leur naissance & de leurs titres. Cette possession exclusive & héré-

taire étoit regardée comme un droit , un privilége incon-
testable ; elle étoit pour eux une habitude dominante , un
besoin essentiel ; elle les avoit accoutumés à se croire d'une
nature supérieure au reste des hommes.

Or la révolution a détruit les distinctions de naissance &
de titres héréditaires ; elle a détruit la noblesse , elle a fondé
la République.

Mais , en détruisant la noblesse , a-t-elle changé le cœur
des nobles ? a-t-elle extirpé de leur ame ce système si fortement lié , si profondement enraciné de préjugés , de prétentions & d'orgueil , qui les portoit à se regarder comme
étant paitris d'un autre limon que le nôtre , comme formant
une classe extraordinaire , destinée par sa nature à jouir exclusivement du pouvoir & des grandeurs de la terre ? Non , la
révolution n'a pas opéré ce miracle : bien qu'elle en ait fait
beaucoup , elle ne pouvoit pas faire celui-là.

Il est vrai que dans cette classe il s'est rencontré quelques
hommes qui ont épousé de bonne foi la cause républicaine ,
& l'ont défendue constamment. Il en est qui lui ont rendu &
qui lui rendent encore des services immortels. Mais ces
hommes étoient républicains avant la formation de la République : c'étoient des ames assez généreuses , assez fières , assez
nourries de raison & de vraie grandeur , pour dédaigner les
distinctions de naissance & de titres , vains appuis de la
bassesse orgueilleuse. Ils ne sont plus , ils n'ont jamais été de
la caste des nobles : aussi ceux-ci ne les reconnoissent plus
pour tels ; il ne voient plus en eux que des nobles dégradés ,
que des citoyens , des républicains , & en cela nous serons
d'accord avec eux.

Aussi ne parlons-nous ici que des nobles fidèles , des véri-
tables nobles ; & nous disons que cette caste ayant été dépouillée de ses priviléges , de tout ce qui composoit son exis-
tence morale , & en ayant été dépouillée par la République ,
loin d'aimer cette République , loin même de ne la voir
qu'avec indifférence , doit la détester , doit en détester les
fondateurs & les partisans , & par conséquent rendre sans cette

à la destruction de l'une & à l'extermination des autres: voilà, dis-je, ce que nous affirmons, & nous ne craignons pas de nous tromper, ayant pour nous la connoissance du cœur humain.

Mais, à l'appui de cette preuve morale, qui n'est suffisante que pour ceux qui sont versés dans la théorie des volontés & des actions humaines, nous ajouterons, pour la conviction des autres hommes, la preuve résultante d'une série de faits connus & incontestables; & sans nous jeter dans l'histoire des autres révolutions, nous nous bornerons à ce qui est particulier à la nôtre.

D'abord, il est notoire que dès avant la formation des états-généraux & dans les assemblées qui la préparèrent, la noblesse manifesta l'intention de conserver ses privilèges. Dès l'ouverture de cette assemblée, elle voulut délibérer à part, & comme un ordre distinct & supérieur. Voyant que les députés du tiers vouloient fondre tous les ordres dans l'unité nationale, elle employa, de concert avec la cour, tous les moyens de force & de séduction pour anéantir l'assemblée. Vaincue par le parti populaire, & obligée d'accéder à la réunion, elle chercha d'abord à la rompre en se reproduisant dans l'établissement d'une chambre haute. Trompée dans cet espoir, & voyant l'assemblée détruire pièce à pièce le despotisme royal & nobiliaire, elle s'agita dans tous les sens au dedans & au dehors de cette assemblée, tantôt par une résistance ouverte, tantôt par des concessions perfides, & toujours en répandant par-tout les élémens des agitations & des discordes civiles. Bientôt une partie de cette noblesse, ayant à sa tête des membres de la famille royale, porta chez l'étranger son esprit de fureur & de vengeance, appelant la guerre à grands cris contre la France. Dès ce moment les efforts de ces émigrés se combinèrent avec ceux des nobles de l'intérieur, & le parti national fut enveloppé, de tous côtés, de piéges, de perfidies & d'attaques. Rien n'empêcha l'Assemblée constituante de marcher à grands pas dans sa carrière: déja elle touchoit au terme de sa course, quand tout-à-coup le roi, ce roi dont elle avoit voulu asseoir l'autorité sur des bases constitutionnelles, disparut & s'enfuit courant se jeter dans les bras des émigrés pour rallier à lui tous les mécontens, & reconquérir la noblesse & la monarchie féodales. Cet attentat fut déjoué, & la nation fut assez généreuse non-seulement pour pardonner au roi, mais pour lui rendre le trône constitutionnel. Enfin la constitution acceptée & proclamée, l'Assemblée publia une amnistie, rappela les émigrés, invita tous les Français à l'oubli des injures, leur offrant également à tous le repos & le bonheur sous l'égide de la constitution & des lois.

Cette invitation paternelle & touchante qui n'étoit que le vœu exprimé de la nation, comment fut-elle reçue par les nobles ? avec mépris, avec indignation. Aucun émigré ne rentra, & jamais l'émigration ne fut si nombreuse qu'à cette époque. Bientôt les émigrés, formés en corps d'armée, vinrent, jusque sur nos frontières, présenter un front menaçant. L'assemblée législative les invita de nouveau à rentrer, & leur prescrivit un délai. Enfin, après avoir tout employé, tant auprès d'eux qu'auprès des puissances étrangères, elle fut forcée de déclarer la guerre, comme le seul moyen d'assurer l'indépendance & la liberté nationale.

Ainsi les nobles doivent être considérés comme les provocateurs de la guerre étrangère. Ils ont toujours fait partie des armées ennemies, & aujourd'hui ils sont encore sous les armes. Mais ce n'est pas de ce côté que les nobles sont dangereux : jamais ils n'ont su défendre leur cause avec courage. Tous ces preux chevaliers si vains & si menaçans n'ont su que fuir & disparoître à la vue de nos soldats républicains.

Aussi depuis long-temps les nobles ont cessé de compter sur les succès de la guerre extérieure : c'est dans la guerre intérieure, tant ouverte que cachée, qu'ils ont mis leur principale espérance ; & quel torrent de calamités de toute espèce n'ont-ils pas répandu sur nous ! Sans parler ici de toutes les révoltes partielles qui ont éclaté en différens temps dans les diverses parties de la France, cette guerre, cette horrible guerre de la Vendée n'est-elle pas leur ouvrage ? Nous savons que les prêtres y ont aussi concouru ; mais, à cet égard, nous ferons une observation générale & décisive : c'est que le haut clergé étoit composé de nobles, & que les prêtres du bas clergé, qui n'étoient pas nés dans cette caste, & qui ont pris parti contre la révolution, n'ont été pour la plupart que les instrumens & les victimes de la noblesse. Il faut considérer le despotisme royal, le despotisme nobiliaire, le despotisme papal, qui en France résidoit dans le haut clergé, comme trois monstres qui s'étant long-temps disputés entre eux à qui auroit seul le droit de dévorer le peuple, avoient fini par combiner leur fureur & leurs forces pour mieux assurer leur proie & la dévorer également.

Ainsi tous ces refus de serment, de déclarations, qui ont eu la religion pour prétexte, n'ont été & ne sont encore que des brandons de discorde jetés dans le peuple par les nobles pour le diviser, le déchirer & le replonger ensuite dans l'esclavage & la stupidité.

Au reste, sans nous arrêter encore dans ce moment à la nature des moyens employés par les nobles pour assurer le succès de la guerre intérieure qu'ils font à la République, nous disons d'abord que cette guerre existe & qu'elle est organisée d'un bout de la France à l'autre. C'est une vérité qui n'est ignorée que par les aveugles, & niée que par la mauvaise foi. Les nobles de l'intérieur s'entendent avec ceux de l'extérieur ; les plans, les moyens, tout est combiné dans un foyer commun, la cour du prétendant. Les rôles sont distribués ; les places, les récompenses, tout est assigné d'avance ; en un mot le royaume existe au milieu de nous ; il est dans la République, & souvent il gouverne la France beaucoup plus que le gouvernement républicain : c'est du moins ce qui avoit lieu avant le 18 fructidor.

Or, que les nobles soient les chefs de cette conspiration, qui pourroit en douter ? au profit de qui se trame-t-elle ? n'est ce pas au profit des nobles ? Si elle réussissoit, qui prendroit la place de la République ? n'est-ce pas l'oligarchie nobiliaire ? Donc ils font les auteurs, les directeurs & les principaux chefs de cette guerre intérieure.

Oui, dira-t-on, la conspiration existe ; les nobles en font les agens principaux ; ils voudroient évidemment renverser la République & rétablir leur tyrannie : nous en convenons ; mais le peuvent-ils ? mais cette volonté de leur part n'est-elle pas insensée ? la conspiration n'est-elle pas absurde, & doit-on s'en inquiéter ?

Nous répondrons que, si la conspiration n'étoit pas dangereuse, il faudroit la mépriser ; mais nous soutenons qu'elle est infiniment dangereuse. Nous pourrions le prouver par ce qui a eu lieu dans plusieurs états, & sur-tout par l'exemple de l'Angleterre ; mais nous nous renfermons encore dans ce qui nous est particulier.

A la vérité, les nobles ne forment à l'égard de la nation qu'une très-petite minorité ; mais cette minorité est liée par l'unité d'intérêt & dirigée vers le même but par l'unité de plan & l'ensemble des moyens : cette minorité, entraînée par tout ce qu'il y a de plus fort & de plus impérissable dans le cœur humain, est d'une opiniâtreté que les humiliations & les défaites ne font que rendre plus furieuse & plus active. Or l'expérience a prouvé que des minorités de ce genre étoient infiniment à craindre & qu'elles finissoient presque toujours par donner la loi à la majorité.

En effet, celle-ci, par cela seul qu'elle est la majorité, est beaucoup moins attentive & moins unie. Elle se confie trop à sa force ; elle s'endort imprudemment dans la sécurité ; ses chefs se divisent, elle se partage entre eux, elle se déchire ; &, dans cette situation, l'ennemi commun qu'elle méprise & qu'elle perd de vue, se couvrant du masque de la résignation & de l'hypocrisie, observe ses divisions ; il en sème lui-même, il les attise, les enflamme : tantôt se jetant dans un parti, & tantôt dans un autre, il les met sans cesse aux prifes, il les affoiblit mutuellement, il les fatigue, il les dompte, & finit par s'ériger en maître fur leurs debris. Telle eft en général l'hiftoire des minorités adroites & infatigables. Combien d'exemples ne pourrions-nous pas en citer, & fans fortir de notre révolution !

Ainfi, fous ce premier point de vue, la confpiration des nobles eft déja très-redoutable. Mais combien n'a-t-elle pas de moyens à fa difpofition, & au-dehors & au-dedans ! Au-dehors, elle tient à une corporation puiffante, maîtreffe de l'Europe, gouvernant & les rois & les peuples. Au-dedans, elle a d'abord la fortune. Les nobles font en général plus riches que les plébéiens ; & il y a parmi eux beaucoup de familles opulentes. Or tout leur fuperflu, elles l'emploient à fe faire des partifans. Aucun genre de corruption direct ou détourné, adroit ou groffier, ne pefe à leur délicateffe. Et d'ailleurs à combien d'autres ufages l'argent n'eft-il pas néceffaire dans les guerres inteftines autant que dans les guerres extérieures ?

En fecond lieu, les nobles (& ici nous n'entendons parler que de ceux qui occupoient les premiers rangs dans la nobleffe), les nobles ont encore en leur faveur une forte de preftige qui en impofe au vulgaire. Ils étoient tout dans l'ancien régime, réuniffant l'ancienneté de la race, la prééminence des diftinctions, l'étendüe du crédit, la grandeur de la fortune ; ils étoient aux yeux des autres hommes des efpèces de divinités auxquelles ceux-ci adreffoient leurs vœux & leurs hommages. Or, pour peu que l'on foit ignorant, pour peu que l'on foit foible, on ne fe défend pas encore de ce refte de vénération. Quand un de ces ci-devant nobles paroît au milieu de la foule, il n'y eft pas encore regardé comme un homme ordinaire ; il n'y eft pas apprécié à fa jufte valeur. Ajoutez à cela que, dans l'intérieur de leurs maifons, & par-tout où ils fe trouvent, quand ils croient pouvoir le faire impunément, ils ont grand foin de conferver le ton, les manières, les quali-tés, les prétentions, toutes les étiquettes de leur ci-devant grandeur ;

grandeur ; & combien d'imbécilles , combien de lâches ne
se laissent pas prendre à tout cela !

Ce n'est pas tout : élevés dans les préjugés & les habitudes de la monarchie , beaucoup de gens ont peine à
arranger dans leur tête les idées républicaines , & con-
servent des dispotions plus ou moins fortes au retour de
l'ancien régime. Or les nobles savent à merveille s'emparer
de ces dispositions & les diriger à leurs vues. Ceux dont
l'opinion se rapproche de la leur , ils les encouragent &
les fortifient. A ceux qui paroissent incertains , chancelans ,
ils peignent la République comme une chimère extrava-
gante & impossible à réaliser jamais dans un état tel que
la France ; ils les détachent insensiblement de cette cause
& les ramènent à celle de la monarchie. A ceux qui ont
dans la tête quelques idées libérales , mais peu de prévoyance , ils font entendre qu'il n'est pas question de rétablir
une royauté illimitée & despotique , mais simplement un
roi dont le pouvoir soit limité par une bonne constitution.
Rencontrent-ils des hommes ambitieux , mais mécontens ,
ils leur promettent , ils leur font même , quand il le faut ,
expédier par la cour de Blanckembourg des brevets , des
titres , & font briller à leurs yeux les distinctions & les
récompenses. Trouvent-ils au contraire des esprits indis-
posés , rebelles ? ils ont recours à toutes les souplesses , à
toutes les ruses. En trouvent-ils de fiers , d'inflexibles , ils
paroissent soumis , dévoués , & enfin , quand il le faut , ils se
montrent les plus vils & les plus rampans de tous les hommes.
C'est ainsi que , prenant tous les masques , & parlant à
chacun le langage qui lui convient , ils grossissent sans
cesse le nombre de leurs partisans , & diminuent celui de
leurs ennemis.

Mais nous n'avons pas présenté encore leurs principaux
moyens. Ils consistent dans le parti qu'ils savent tirer des
maux que la révolution a occasionnés , des crimes qu'elle
a fait commettre , de la lassitude & de l'affaissement qu'elle
a produits dans un grand nombre d'esprits. Ces maux &

Rapport de Boulay (de la Meurthe).   B

ces crimes font principalement leur ouvrage. Ils font le produit des divisions qu'ils ont excitées ou aigries parmi nous, de la guerre qu'ils ont allumée & qu'ils foufflent encore au-dedans & au-dehors; & ils fe fervent de leur funefte réfultat pour en amener un plus funefte encore.

En effet, ces maux & ces crimes, à qui les attribuent-ils? à la République, aux républicains. Ah! voilà de leur part le comble de la perfidie & de la fcélérateffe. Ils fe préfentent fans ceffe aux yeux des mécontens comme les réparateurs de leurs maux; ils ont toujours dans la bouche les noms de juftice & d'humanité. Mais pour peu qu'on les examine & qu'on les preffe de s'expliquer, il eft aifé d'appercevoir que pour eux la juftice n'eft que le renver-fement de la République, le dépouillement des acquéreurs de biens nationaux, & par conféquent le rétabliffement de la nobleffe & de la monarchie féodales; qu'à leurs yeux l'humanité eft non-feulement le retour des prêtres, des émigrés, mais la profcription de tous les républicains. Oui, malgré tous les détours de leur hypocrifie, on voit clairement qu'ils n'ont que la vengeance & la rage dans le cœur en prononçant fans ceffe ces beaux noms de juf-tice & d'humanité.

La guerre intérieure que nous font les nobles eft donc auffi réelle que celle qu'ils nous font à l'extérieur; mais elle eft beaucoup plus funefte & plus odieufe. Celle de l'extérieur eft du moins franche & ouverte; mais celle de l'intérieur n'eft prefque jamais qu'une guerre d'hypo-crifie, de lâcheté & de corruption. Jamais les nobles ne s'y mettent en avant, jamais ils ne prennent fur eux le danger; mais (ô comble d'horreur!) ce font toujours des hommes du peuple qui font pouffés par eux, & qui, fou-vent, fans le favoir, deviennent leurs inftrumens & leurs victimes. Oui, voilà ce qui doit fur-tout nous révolter. Jufqu'à préfent les malheureux plébéiens fe font divifés entre eux prefque toujours à l'inftigation fecrète des nobles; ils fe font tourmentés, ils fe font fouvent envoyés à l'é-

chafaud, & pour qui ? quels font ceux qui à la fin s'éle-
veroient fur leur ruine commune ? quels font ceux qui, après
avoir dévoré tout ce qu'il y de courage, de mérite & de
vertu dans la maffe du peuple, rétabliroient le trône &
les droits de la naiffance & des titres héréditaires ? Ne
font-ce pas ceux qui en jouiffoient auparavant ? Ceux qui
réclament cette jouiffance au nom de la juftice & de l'humanité, n'eft-ce pas la famille royale, n'eft-ce pas la cafte
des nobles ? O plébéiens, & vous fur-tout, fondateurs, amis
déclarés de la liberté, vous tous qui, d'une manière plus
ou moins directe, plus ou moins utile, avez concouru à
fon établiffement, foit avant, foit depuis la révolution,
réuniffez-vous enfin contre l'ennemi commun ; nettoyez,
confolidez le fol de la République, & puis de concert
attachez-vous à y fixer la vraie liberté, à y faire éclore les
talens, les vertus & le bonheur.

Commençons donc par affermir notre conquête : cherchons, examinons quels font, pour cela, les moyens les
plus propres & les plus convenables. Partons d'abord des
données que nous venons d'établir. Notre conquête eft la
République ; c'eft la fouveraineté du peuple reconnue & proclamée, c'eft la liberté, c'eft l'égalité des droits. Et fur qui cette
conquête a-t-elle été faite ? Sur les priviléges exclufifs qui pe-
foient fur nos perfonnes & nos biens ; fur les diftinctions
de naiffance & de titres héréditaires ; fur le droit prétendu
de nous gouverner, ufurpé & poffédé depuis des fiècles,
comme une propriété particulière, par une famille & une
cafte privilégiée, en un mot fur la famille royale & les
nobles.

Notre conquête eft légitime, puifque nous avons pour
nous la prefque totalité du nombre, la totalité du travail
& de l'induftrie, avec l'immenfe fupériorité du courage,
des lumières & des vertus.

Notre conquête eft légitime : car la république eft toujours de droit, & la tyrannie n'eft jamais que de
fait.

Donc tous les moyens néceffaires pour affurer cette conquête font légitimes auffi.

Or quel eft le premier de tous, celui qui doit fuivre immédiatement la conquête ? C'eft de la mettre à l'abri des attaques que peuvent lui porter fes ennemis : & quels font fes ennemis ? Ce font ceux fur qui la conquête a été faite, & dont la volonté conftante eft de la détruire, ou au moins de la troubler par tous les moyens poffibles.

Notre premier foin doit donc être ici de dégager notre conquête de la malveillance & des entreprifes des nobles, qui font évidemment fes irréconciliables ennemis.

Or, le moyen de l'en dégager, eft-il de leur en confier la manutention & le dépôt ? non affurément : c'eft au contraire celui de la détruire. C'eft cependant ce qui a été fait jufqu'à préfent. Loin d'être exclus des avantages de la conquête & de la participation aux droits qui en réfultent, ils y ont été admis comme la partie conquérante. Que l'on ait eu d'abord cet excès de générofité ; que l'on ait compté fur la réfignation, fur les proteftations des vaincus ; qu'oubliant de les confidérer comme tels, on les ait traités, accueillis comme des égaux, des concitoyens, des frères, à la bonne heure. Mais maintenant qu'il eft démontré que loin d'être fenfibles à nos bienfaits, ils ne les ont acceptés que pour les tourner contre nous : que, loin de fe plaire à l'égalité, ils ne cherchent qu'à rétablir leurs priviléges ; qu'au lieu de chérir le titre de citoyen, ils l'ont conftamment repouffé, avili ; & qu'enfin, loin de confentir à fe regarder avec nous comme les membres d'une même famille, ils veulent abfolument redevenir nos maîtres : dès-lors ils doivent être exclus de la famille & confidérés comme étrangers.

La privation des avantages de la conquête eft donc ici la première précaution à prendre contre le parti conquis. Ainfi les nobles doivent être exclus de toute participation aux droits politiques de la cité : premier moyen de confervation.

Mais fi, dans ce même parti, il eft des hommes qui non-feulement foient ennemis de la conquête, mais ennemis dangereux, ennemis capables de la renverfer, ou au moins de la mettre fans ceffe en queftion, & de forcer le parti vainqueur à recourir fouvent aux moyens extraordinaires qui lui ont valu la victoire; fi la préfence feule de ces hommes fur le fol que la conquête a rendu libre, le menace fans ceffe d'une nouvelle fervitude; fi elle y réchauffe les anciens germes de la corruption; fi elle y fème; fi elle y nourrit toutes les femences de difcordes qui peuvent en faire, pour les vainqueurs eux-mêmes, une terre de malheur & de deftruction : dans ce cas, n'eft-il pas évident qu'il faut fe délivrer de la préfence de ces hommes ? Or comment s'en défaire ? Il n'y a que deux moyens : les exterminer, ou les expulfer. Faut-il les exterminer ? Non; ils nous extermineroient, eux, s'ils étoient les maîtres : nous fommes leurs vainqueurs, nous ne voulons que les expulfer. Ce moyen eft fuffifant; il eft le feul que l'humanité puiffe avouer; c'eft le feul qui nous convienne.

Voilà, citoyens repréfentans, les deux grandes mefures que nous vous propofons contre les ci-devant nobles : l'expulfion du territoire pour les uns, la privation des droits de cité pour les autres.

Mais comment appliquer ces deux mefures? comment, voulant faire deux claffes des nobles, établir entr'elles la ligne de démarcation? Pourquoi même cette différence entre eux? & ne devroit-on pas les placer tous fur la même ligne?

A cela nous répondrons d'abord que fi on les jugeoit tous fur leur mauvaife volonté, fur leur averfion pour le régime de l'égalité, il faudroit les confondre tous dans la même mefure. Mais nous avons cru devoir diftinguer les plus dangereux de ceux qui le font moins, les chefs du parti de ceux qui n'en forment que le troupeau.

Or quels font les chefs, & quel eft le troupeau? Les chefs font évidemment dans la haute nobleffe, la nobleffe de cour, la nobleffe titrée, la nobleffe féodale, dans celle qui occupoit les places supérieures, soit civiles, soit militaires. Ce sont eux qui gagneroient le plus à la contre-révolution, & qui, par conséquent, ont le plus d'intérêt à la faire ; ce sont ceux aussi qui, pour y réussir, ont le plus de moyens & de ressources de tout genre : ce sont donc les plus dangereux, ce sont donc eux qu'il faut expulser. Contre les autres, la privation des droits de cité suffit.

Mais en prenant ces deux mesures, nous avons cru qu'on devoit les adoucir par tous les moyens de justice & d'humanité que la politique pouvoit autoriser.

Ainsi, en expulsant la haute noblesse, nous ne confisquons pas ses biens : à la vérité, nous croyons qu'il faut les faire vendre, mais le prix doit leur en être donné. Nous n'y mettons que deux conditions : la première, que ce prix sera converti en marchandises de fabrique française ; la seconde, que sur ce prix il sera retenu une indemnité pour les frais de la guerre.

La première est nécessaire pour ne pas appauvrir la France de numéraire. La seconde est d'une justice évidente, puisque les nobles sont les auteurs de la guerre, de cette guerre qui n'a été entreprise & ne se continue que pour savoir si les priviléges héréditaires l'emporteront sur l'égalité des droits, la noblesse sur le peuple, la République sur la tyrannie.

Quant aux autres nobles que nous nous bornons à exclure des droits de cité, en les privant de la qualité de citoyen, ou, pour mieux dire, en déclarant qu'ils ne l'ont point acquise, nous déclarons en même temps qu'ils peuvent l'acquérir en remplissant les conditions prescrites par l'article 10 de la constitution. Seulement nous avons cru qu'il convenoit d'y en ajouter une, qui ne sera pas particulière aux nobles, mais à tout étranger demandant à devenir citoyen français, à tous les jeunes gens se faisant inscrire sur le registre civique. Cette condition consiste dans une déclaration que nous avons crue digne de tout être pensant & libre.

Qu'opposera-t-on à ces mesures ? Est-ce la constitution ?

D'abord nous pourrions répondre par ce qui a déja été allégué à cette tribune par pluſieurs orateurs, que les nobles, faiſant partie d'une corporation étrangère qui n'eſt fondée que ſur des diſtinctions de naiſſance, ne doivent pas être regardés comme citoyens français ; & certes cette corporation qui couvre toute l'Europe, n'eſt que trop réelle ; il n'eſt que trop évident que les nobles de tous les pays ſont affiliés entre eux par la ſimilitude & l'accord des préjugés, des prétentions & des intérêts. Il n'eſt que trop évident que les nobles français ne reconnoiſſent de pairs que parmi eux & les nobles étrangers ; qu'ils ne voient dans l'abolition conſtitutionnelle de leurs titres qu'un acte de violence & non de juſtice, qu'un fait & non un droit. Qu'ainſi, jamais ils n'ont donné à la loi qui a ſupprimé ces titres, à la conſtitution qui les méconnoît & les rejette, ce conſentement volontaire, cette acceptation morale qui ſeule peut valider un engagement, que par conſéquent ne ſe croyant pas liés par cette conſtitution qu'ils ne manqueroient pas de fouler aux pieds, s'ils ſe croyoient aſſez forts pour le faire impunément, il y auroit de la folie à leur en appliquer les diſpoſitions bienfaiſantes, dont ils ne ſe ſerviroient que pour mieux la détruire.

Voilà, dis-je, ce que nous pourrions répondre ; mais nous nous contenterons de nous renfermer dans les vérités déciſives que nous croyons avoir démontrées : nous dirons à ceux qui voudroient combattre les meſures que nous propoſons : Vous êtes de bonne foi, vous voulez la République, vous voulez donc auſſi ce qui eſt néceſſaire pour la conſolider. Or pouvez-vous nier que la nobleſſe ne ſoit incompatible avec la République ? Pouvez-vous nier que les nobles ne déteſtent la République, & ne la fiſſent périr, ſi cela étoit en leur pouvoir ? Pouvez-vous nier que, s'ils étoient en poſſeſſion des fonctions publiques, cette poſſeſſion ne fût entre leurs mains le moyen le plus facile & le plus ſûr de conſommer leur projet de deſtruction ? Pouvez-vous nier que la préſence ſeule au milieu de nous de ceux de ces nobles qui réuniffent tous les moyens de corrompre & de nuire, ne foit infiniment dangereufe ? Pouvez-vous nier que s'ils parvenoient une fois à redevenir les maîtres, ils n'exterminaffent tous les républicains, & n'étouffaffent jufque dans leur fource tous les germes de courage, de vertu, de raifon qui par degré ont produit le defir, l'amour, & enfin le triomphe de la liberté ? Si vous êtes forcés de convenir de tout cela ; fi d'ailleurs vous voulez la République, il faut donc confentir à expulfer de fon fol les nobles les plus dangereux, & à écarter les autres de l'exercice de toute fonction publique.

Quoi ! vous voulez leur appliquer la conftitution ! Ah ! ce n'eft pas feulement de cette conftitution qu'ils font les ennemis ; ils l'étoient également de celle de 1791, bien qu'elle admît un roi. Ce qu'ils haïffent effentiellement, ce qu'ils veulent détruire, c'eft la République, c'eft la fouveraineté du peuple, c'eft l'égalité des droits. Vous changeriez encore de conftitution, vous en feriez des milliers, qu'ils voudroient les renverfer également toutes, fi toutes étoient fondées fur ces bafes républicaines. Il faut donc renoncer abfolument à la République & rétablir la nobleffe, ou prendre contre les nobles les mefures que nous vous indiquons : il n'y a pas de milieu ; il faut choifir.

Mais pourquoi des mefures générales ? pourquoi des profcriptions en maffe ?

A cela nous répondrons d'abord que, dans un cas comme celui-ci, on ne peut agir que par une mefure générale. S'agit-il, en effet, d'une conteftation entre particuliers, d'un délit individuel contre la fociété ? non : il s'agit d'une claffe d'hommes diftincte & féparée du refte de la fociété par fes préjugés, fes prétentions & fon intérêt ; d'une cafte qui étoit privilégiée, & qui veut l'être encore, qui, comme telle, nous dominoit ; qui, comme telle, veut nous dominer encore ; d'un ennemi commun, fur lequel nous avons repris nos droits naturels & imprefcriptibles, & qui, loin de nous en laiffer la jouiffance, voudroit nous la ravir encore; ou du moins la troubler, l'empoisonner sans ceffe.

Or, d'après cela, ne feroit-il pas abfurde de faire à chaque individu un procès particulier? Eft-il queftion ici de juftice diftributive? non: cette forte de juftice n'a lieu qu'entre des individus volontairement & paifiblemment foumis au même pacte focial, aux mêmes lois, aux mêmes magiftrats. Mais ici, c'eft une claffe d'hommes qui nous opprimoit en maffe, &, que nous avons vaincu en maffe; qui fe regardent comme injuftement dépouillée par notre conquête, par l'établiffement qui l'a fuivie, voudroit détruire cet établiffement, & pour y réuffir, nous combat encore en maffe: c'eft donc auffi en la repouffant en maffe, en prenant contre elle des mefures générales, que nous devons confolider notre établiffement.

En fecond lieu, pourquoi parler ici de profcriptions? on profcrit quand, abufant de fa force, on dépouille, on perfécute injuftement; on profcrit quand, tenant fous fa main un ennemi vaincu, défarmé, foumis, & oubliant à fon égard les droits de la nature & de l'humanité, on fe livre contre lui à des vengeances, à des cruautés inutiles. Mais quand il s'agit d'un ennemi, qui, contre toute efpèce de raifon & de droit, nous tenoit fous le poids de l'opprobre & de la fervitude; d'un ennemi, au joug duquel nous nous fommes fouftraits, & qui, loin de revenir envers nous à des fentimens de juftice & d'humanité, nous attaque encore, nous tourmente fans ceffe pour nous replonger dans notre ancien état, eft-ce le profcrire que de l'empêcher de nous nuire? eft-ce le profcrire que de fe borner à prendre contre lui les mefures ftrictement néceffaires pour affurer la conquête de nos droits?

Ah! veut-on un exemple de profcription? il n'y a qu'à remonter à la conquête, & fuivre la conduite de ceux que nos ci-devant nobles appellent leurs ancêtres. Nous jouiffions paifiblement d'un fol dont la nature & le travail nous avoient rendus propriétaires. Des hordes de barbares arrivent, nous attaquent & deviennent nos vainqueurs. Que font-ils? an lieu de posséder avec nous une terre que nous aurions volontiers partagée avec eux ; au lieu d'établir un gouvernement & des lois convenables, ils nous dépouillent de nos biens, de notre liberté, de nos droits les plus chers ; ils nous réduisent à la plus humiliante servitude ; ils nous traitent comme des bêtes de somme ; &, pour mieux affermir leur odieuse tyrannie, ils éteignent par degré le flambeau des arts & des sciences ; ils établissent leur règne sur celui de l'ignorance & de la barbarie. Voilà comment nous avons été traités par eux pendant des siècles. C'est là de l'injustice & de l'inhumanité ; c'est là de la proscription & du brigandage.

Nous, redevenus libres, redevenus les vainqueurs de nos maîtres barbares, les avons-nous dépouillés de leurs biens & de leur liberté ? les avons-nous réduits à la servitude de la glèbe ? Certes, en cela, nous n'eussions fait que les assujettir à la peine du taillon. Mais non, nous avons voulu les associer à notre conquête, & les mettre à notre niveau ; nous avons épuisé envers eux tous les trésors de la confiance & de la générosité. Comment ont-ils reçu nos bienfaits ? avec mépris, ou dans le dessein perfide de les faire servir à notre destruction ; & aujourd'hui que leur conduite ingrate & lâche est bien dévoilée, que faisons-nous contre le plus grand nombre d'entre eux ? nous nous bornons à ne pas les reconnoître pour citoyens, mais en leur laissant leur liberté, leurs biens, la jouissance de tous leurs droits civils. Nous faisons plus, nous les admettons à devenir citoyens, à partager un jour avec nous les prérogatives attachées à ce titre ; nous n'y mettons qu'une condition : c'est qu'ils nous prouvent enfin par leur conduite qu'ils ont renoncé à leurs prétentions exclusives & odieuses, & qu'enfin ils sont bien disposés à ne plus voir en nous que des égaux, que les membres d'une même famille.

Quant à ceux dont la présence au milieu de nous est évidemment trop dangereuse, nous leur disons : Puisqu'il existe entre vous & nous une telle incompatibilité de préju-

gés, d'intérêts, de caractère ; qu'il est moralement impossible que nous vivions plus long-temps ensemble sans nous
tourmenter sans cesse, sans finir peut-être par vous détruire
ou être détruits par vous : eh bien ! quittez cette terre qui
nous appartient, non-seulement par le droit de premier
occupant, par celui du nombre & de la force, par celui de
la victoire, mais par le travail & l'industrie. Quittez-la,
emmenez vos femmes, vos enfans ; choisissez un pays qui
vous sépare absolument de nous ; appelez y les émigrés, les
prêtres romains, Louis XVIII : nous vous ferons passer tout
ce qui vous sera nécessaire pour vous y établir, & sans doute
vous finirez par y être infiniment heureux.

Voilà ce que nous leur disons. Y a-t-il dans tout cela
un esprit de passion, de vengeance ? y a-t-il de la proscription, ou plutôt n'est-ce pas un divorce politique devenu
nécessaire ? n'est-ce pas le seul remède à une maladie incu-
rable & contagieuse ? n'est-ce pas une précaution salutaire
& pour eux & pour nous ?

Nous objectera-t-on qu'en les expulsant, c'est une perte
pour la République. Ah certes ! ce seroit-là une véritable
plaisanterie ! Veut-on un exemple d'une perte réelle en ce
genre ? c'est celui qui suivit la révocation de l'édit de Nantes ;
ouvrage d'un roi, d'une noblesse & d'un clergé despotes.
Par l'effet de cette révocation, il sortit de France plus de
soixante mille familles ; & quelles familles ! c'étoit une
des portions les plus respectables de la nation par le travail,
l'industrie & les mœurs.

Quel étoit leur crime ? de vouloir adorer Dieu dans la
pureté de leur conscience & de leur raison ; de chérir,
de réclamer la liberté des opinions religieuses. Ah ! sans
doute, c'étoit un véritable crime aux yeux de l'ancienne
tyrannie, qui fut très-conséquente à elle-même en pros-
crivant cette foule de victimes innocentes. Mais cette proscription fut & sera toujours un attentat aux yeux de la
philosophie & de l'intérêt public.

Ici, de qui s'agit-il ? d'une espèce d'hommes essentiellement ennemie de la République. Nous les expulsons ; en cela nous sommes aussi conséquens à nous - mêmes. Mais cette expulsion est-elle une perte pour la chose publique ? oh ! non assurément : car que perdons-nous ? infiniment peu de mérite & de vertu, pas pour une obole de travail & d'industrie. Que gagnons-nous ? L'exportation d'une énorme cargaison de vices de toute espèce, l'écoulement d'une masse épouvantable de corruption politique & morale. Voilà la vérité. Maintenant, nous le demandons, conviendroit-il à des hommes de bon sens, à des amis de leur patrie, à des républicains en un mot, de s'attendrir, de verser des larmes sur une pareille expulsion ?

Citoyens représentans, il ne nous reste plus qu'à vous prévenir sur une idée que l'on a mise en avant & qui est fortement accueillie & soutenue par le parti des nobles. Depuis qu'ils savent qu'il est question de prendre contre eux des mesures vigoureuses, ils s'agitent, ils intriguent dans tous les sens. Ces hommes, aussi bas dans la mauvaise fortune qu'insolens dans la bonne, & comptant toujours sur le succès des séductions de tout genre qu'ils sont disposés à mettre en usage, craignant de ne pouvoir échapper à la loi, voudroient qu'on se bornât à les mettre sous la main du gouvernement, en lui laissant le pouvoir arbitraire de déporter ceux d'entre eux qui troubleroient l'ordre public.

Mais cette idée, spécieuse à certains égards ; cette idée, qui a pu tromper un instant quelques hommes de bonne foi ; cette idée ne peut pas soutenir l'attention réfléchie d'un républicain éclairé. D'abord elle seroit à peu près sans effet contre la noblesse : car, ainsi que nous l'avons déja souvent observé, soit lâcheté, soit perfidie, soit plutôt l'une & l'autre à-la-fois, ces hommes-là ne se mettent jamais en avant : c'est dans leurs conciliabules secrets qu'ils concertent leurs mesures ; c'est par l'action souterraine & quelquefois imperceptible de tous les genres de corruption qu'ils les exécutent. S'agit-il d'un trait d'audace, d'un coup de main ? ils se garderont bien de s'en charger ; mais ils le feront faire par les melheureux plébéiens qu'ils auront égarés ou corrompus. Si la contre-révolution se faisoit, ce ne seroit assurément pas eux qui en auroient couru les dangers ; cachés & invisibles tant que la chose auroit paru douteuse, ils ne se présenteroient que pour en recueillir le succès ; & si les plébéiens qui l'auroient assuré avoient seulement l'air de vouloir le partager, ils deviendroient les premières victimes de l'orgueil & de l'ambition aussi lâche qu'exclusive des nobles.

Il est donc évident que ne vouloir frapper ici que ceux d'entre eux qui par des coups d'éclat, troubleroient l'ordre public, ce seroit manquer la mesure absolument.

D'ailleurs, toute mesure arbitraire confiée à des gouvernans est contraire aux principes de la République, & peut devenir d'un exemple funeste. Celle que l'on propose ne feroit qu'avilir le législateur & dépopulariser le gouvernement. Si les nobles la réclament, s'ils préfèrent la volonté particulière à la volonté générale, c'est que leurs ames sont pétries de manière qu'ils ne savent être que tyrans ou esclaves. Nous n'ignorons pas que si nous voulions être leurs maîtres, ils ramperoient à nos pieds jusqu'à ce qu'ils auroient trouvé l'occasion de nous abattre aux leurs : mais nous ne voulons ni tyranniser ni servir ; nous ne voulons d'autre maître que la loi, la loi, expression de la volonté réfléchie du peuple souverain ; la loi, fondée sur l'égalité des droits ; la loi, vrai principe, vrai gardien de la République : en un mot nous voulons être libres, & rien de plus.

Tel est, citoyens représentans, le résultat de nos sentimens & de nos réflexions. Voilà ce que nous avons cru devoir offrir à votre méditation. Nous ne craignons pas d'appeler l'examen le plus sévère sur les mesures que nous vous proposons. Sans doute nous ne voulons pas être jugés par la tourbe des hommes aveugles, foibles, lâches & corrompus ; mais tous ceux qui ont quelqu'étendue dans l'esprit, quelque fermeté dans le caractère, quelque vertu dans le cœur, de quelque état, de quelque pays qu'ils soient, à quelque époque qu'ils appartiennent du préfent ou de l'avenir, nous les invitons également à réfléchir fur notre projet, en l'appréciant d'après les circonftances politiques & morales dans lefquelles nous nous trouvons.

Peuple français, c'eft toi fur - tout que nous prenons pour témoin & pour juge; c'eft ici ta caufe, ta caufe, fondée fur les droits éternels de la nature & de la fociété; ta caufe, avilie & foulée aux pieds pendant tant de fiècles par une cafte infolente & barbare, qui te traitoit comme fa propriété, fon inftrument, fon bétail; ta caufe, reconquife fur tes oppreffeurs, foutenue par tant de foins & de facrifices, ennoblie par tant de victoires. Ah! tandis que tes guerriers la rendent fi impofante & fi refpectable au dehors, tes ennemis du dedans s'étudient fans ceffe à te la rendre odieufe & méprifable. Non - feulement ils fe fervent contre elle du refte de préjugés & de vices qu'ils avoient femés dans ton fein, & dont une partie de tes membres eft encore imprégnée; non - feulement ils lui reprochent les malheurs & les crimes dont ils ont voulu la fouiller, mais ils s'arment contre toi de tes propres vertus. Voyant que tu chériffois, que tu voulois la liberté, l'égalité, ils en ont d'abord emprunté le mafque; &, couverts de ce mafque impofteur, ils t'ont précipité dans les excès de la licence & de l'anarchie. Croyant enfuite qu'ils étoient parvenus à te faire confondre avec elle la liberté & l'égalité; perfuadés que tu en étois fatigué, dégoûté, ils ont cherché à te féduire, à t'entraîner par le fantôme de la juftice & de l'humanité, vertus également chères à ton cœur. Déja ils avoient réuffi à te fafciner, à t'aveugler au point que, fans le 18 fructidor, tu allois tomber dans l'abyme creufé fous tes pas. Maintenant que ce mafque leur eft encore arraché, ils ne tarderoient pas à en trouver un nouveau qui te deviendroit peut-être plus funefte que les deux autres.

Peuple français, il eft temps enfin de te délivrer de tes éternels ennemis. Tu veux la liberté, la gloire, le bonheur. Tu nous a chargés principalement de faire ce qu'il falloit pour te les affurer : c'eft à nous à remplir un devoir fi fublime.

Citoyens Repréfentans, voici le projet de réfolution que votre commiffion m'a chargé de vous préfenter, & dont tous les articles ont été arrêtés par elle à l'unanimité.

PROJET DE RÉSOLUTION.

Le Confeil des Cinq-Cents, confidérant que toute efpèce de nobleffe fondée fur des diftinctions de naiffance & de titres héréditaires eft effentiellement incompatible avec la République ;

Confidérant que, depuis l'établiffement des premières bafes de la République, les ci - devant nobles & anoblis ont prouvé par leur conduite habituelle que loin de foufcrire à l'abolition de leurs privilèges, ils étoient déterminés à tout entreprendre pour les reffaifir, & que de fait ils fe font mis, à l'égard du peuple, dans un état de guerre extérieure & intérieure, dont le but évident eft l'anéantiffement de la République & l'extermination des républicains ;

Qu'ainfi, pour confolider la République & fauver les républicains, il eft néceffaire de prendre des mefures capables de faire ceffer cet état de guerre, ou au moins d'en prévenir les funeftes effets ;

Confidérant que ces mefures font commandées par le plus impérieux & le plus preffant de tous les befoins, pour les corps politiques comme pour les individus, celui de fa propre confervation ;

Confidérant que fous tous les rapports il feroit auffi abfurde que dangereux de regarder ces mefures comme contraires à un pacte fondamental que les ci-devant nobles & anoblis n'ont jamais cru obligatoire pour eux, & qu'ils n'ont paru embraffer quelquefois que comme un moyen plus facile de le détruire ;

. Confidérant enfin que ces mesures, étant des actes de juftice nationale & de falut public, ne peuvent être prifes que par les repréfentans de la nation,

Déclare qu'il y a urgence.

Le Confeil, après avoir déclaré l'urgence, prend la réfolution fuivante :

ARTICLE PREMIER.

Les ci-devant nobles & anoblis, fauf ceux défignés en l'article ci-après, ne font pas citoyens français.

Ils ne peuvent le devenir qu'aux conditions & dans les délais préfcrits à l'égard des étrangers par l'article 10 de la conftitution.

II.

Tout individu qui demandera à devenir citoyen français, & les jeunes gens qui voudront prendre leur infcription fur le regiftre civique, feront préalablement, & figneront la déclaration fuivante :

« Comme homme & comme républicain, je méprife
» également & la fuperftition infolente qui prétend à des
» diftinctions de naiffance, & la fuperftition lâche &
» honteufe qui y croit & les fupporte. Je fais qu'en de-
» venant citoyen français je m'engage à combattre de
» toutes mes forces le retour en France de la royauté &
» de toute autre efpèce de pouvoir ou de privilège héré-
» ditaire. Je déclare que je veux tenir cet engagement ; je
» le tiendrai. »

III.

Parmi les perfonnes ci-devant nobles ou anoblies, celles là font expulfées à perpétuité du fol de la République qui fe trouvent comprifes dans l'énumération fuivante.

Les perfonnes qui ont fait partie de la maifon du dernier roi, fans excepter fa maifon militaire, foit avant, foit fous la conftitution de 1791 ;

Celles qui ont fait partie des maifons de fes frères, y compris pareillement leurs maifons militaires ; de la maifon ſon de la reine, des maiſons des autres membres de la ci-devant famille royale & des maiſons des ci-devant princes & princeſſes du ſang qui étoient vivans à l'époque du 10 août 1792;

Ceux des ci-devant nobles ou anoblis qui ont proteſté contre le décret de l'abolition de la nobleſſe;

Les femmes des émigrés nobles ou anoblis, ſans diſtinction de celles qui ont divorcé, ſi elles n'étoient pas remariées avant ce jour 25 vendémiaire.

Ceux qui, ſous le dernier roi, ont occupé l'une ou l'autre des places, charges ou emplois ſuivans; ſavoir,

Miniſtre d'état, ſecrétaire d'état, directeur-général des finances, conſeiller d'état, maître des requêtes, intendant d'une généralité, gouverneur ou lieutenant général de province, gouverneur ou commiſſaire-général dans les colonies, gouverneur ou lieutenant pour le roi des châteaux royaux de la Baſtille ou de Vincennes, ambaſſadeur ou miniſtre du roi en pays étranger;

Pareillement tous ceux des nobles ou anoblis qui ont été membres du parlement de Paris, avec les ſeigneurs & pairs y ayant droit de ſéance, & les gens du roi;

Les préſidens & procureurs-généraux des autres parlemens, du grand-conſeil, conſeils-ſupérieurs, chambres-des-comptes & cour-des-aides;

Les chevaliers & commandeurs des ordres du Saint-Eſprit, de Malte & de Saint-Lazare;

Les grands-croix & commandeurs de l'ordre de Saint-Louis, & de celui dit du mérite militaire;

Les individus qui ont pris dans des actes publics les titres de prince, duc, marquis, baron, comte ou vicomte;

Enfin ceux des nobles ou anoblis qui, dans les départemens réunis, des Alpes maritimes, du Mont-Blanc, du Mont-Terrible, des Forêts, de Sambre-&-Meuſe, de l'Ourthe, de la Lys, de l'Eſcaut, de la Dyle, de la Meuſe-Inférieure, Jemmapp & des Deux-Nèthes, & dans l'ancien Comtat-Venaiſſin & d'Avignon, étoient employés

Rapport de Boulay (de la Meurthe). C

comme agens & fonctionnaires par leurs anciens gouver-
neurs respectifs.

I V.

Les dispositions de la présente loi ne s'appliquent point
à ceux des nobles ou anoblis qui ont émigré, les lois
concernant les émigrés devant rester seules à leur égard
dans toute leur vigueur.

V.

Les personnes expulsées sortiront de Paris sous cinq
jours, du territoire français sous deux décades ; & faute
d'obéir dans ces délais, ou si elles rentrent après avoir obéi,
elles seront déportées au-delà des mers dans un lieu désigné
par le Directoire.

V I.

Les déportés qui quittent le lieu désigné pour leur dé-
portation sont regardés & traités comme émigrés.

V I I.

Les femmes, enfans & maris des personnes expulsées,
ont la liberté de les suivre sans encourir la peine de l'émigration.

Ceux ou celles qui ne profiteront pas de cette liberté
seront tenus, sous vingt jours, d'établir leur résidence à vingt
lieues au moins de Paris & des frontières : faute de quoi
ils seront eux-mêmes expulsés du sol français aux termes de
la présente loi.

V I I I.

L'expulsion prononcée par l'article III ne frappera pas
les individus qui ont atteint l'âge de soixante-six ans ac-
complis & au-dessus ; mais ils sont obligés de fixer leur
résidence à vingt lieues au moins de Paris & des frontières ; & ce dans le délai de deux décades, sous peine
d'être arrêtés & détenus dans une maison de réclusion.

I X.

Les immeubles réels & fictifs des expulsés seront vendus à la diligence d'un curateur national, concurremment avec un procureur fondé de leur part, s'il s'en présente un dans le délai des deux décades qui suivront la présente loi, faute de quoi ledit curateur national doit aller en avant. Le prix qui proviendra de la vente des débiteurs, déduction faite d'une indemnité pour les frais de la guerre, que la loi déterminera, sera converti en marchandises de fabrique française, dont l'expédition ne sera faite pour le compte des propriétaires que sur la preuve acquise de leur arrivée en pays étranger, & à la distance au moins de cinquante lieues des frontières de la République. A compter de ce jour, 25 vendémiaire, lesdits biens demeurent sous la main de la nation.

Les autres ci-devant nobles ou anoblis non reconnus pour citoyens sont également sujets à une indemnité pour les frais de la guerre; leurs biens y demeurent hypothéqués aussi, à compter de ce jour.

X.

Ne sont point compris dans les articles premier & III ci-dessus, & sont citoyens sans aucune différence des autres citoyens français, les ci-devant nobles ou anoblis qui pourroient se trouver actuellement membres du Corps législatif, du Directoire exécutif, parmi les ministres & parmi les officiers-généraux, les chefs de brigade & chefs de bataillon en activité de service.

Les articles premier & III ne sont pas applicables non plus aux ci-devant nobles ou anoblis qui obtiendront leur inscription sur le registre civique, aux conditions & dans la forme prescrites ci-après.

X I.

Nul ci-devant noble ou anobli ne pourra réclamer son inscription sur le registre civique qu'en fournissant d'abord à l'administration de son département la preuve certaine qu'il est du nombre des Français qui ont contribué à conquérir la liberté, à fonder la République, à la défendre par leur courage, ou à la servir dans les fonctions militaires, politiques ou civiles, sans néanmoins que le service dans la garde nationale puisse être regardé comme service militaire; enfin qu'il est resté constamment fidèle à la cause républicaine.

La susdite réclamation doit être faite dans les dix jours de la publication de la présente loi.

X I I.

La preuve susdite, en ce qui concerne les défenseurs de la patrie & autres individus employés aux armées, sera vérifiée par les conseils d'administration & le chef de l'état-major de la division.

X I I I.

Les administrations de département sont tenues de vérifier les preuves, de mettre au néant les réclamations qui ne seroient pas fondées formellement & réellement sur les bases énoncées dans l'article précédent, & de délivrer aux autres réclamans le certificat de vérification dans la décade de la demande; au moyen de quoi, après le délai de deux décades, nulle réclamation ne sera plus reçue par les administrations départementales, conseils d'administration & chefs d'état-major de division.

X I V.

Ceux dont les réclamations auront été reçues & vérifiées les enverront pour être admises, s'il y a lieu, au jury national créé par l'article suivant.

X V.

Il sera nommé au Conseil des Cinq-Cents & au scrutin, dix citoyens, sur lesquels le Conseil des Anciens en choisira cinq pour composer ledit jury national.

Il est seul chargé de recevoir les réclamations vérifiées, de rejeter celles qu'il ne jugera pas suffisamment fondées, & d'inscrire ceux des réclamans qu'il aura admis, sur le registre civique.

X V I.

Ce registre civique sera rigoureusement clos dans les trois mois à dater de la publication de la présente loi, & soumis à l'approbation du Corps législatif, qui seul peut l'arrêter définitivement ; après quoi, ledit jury national est & demeure dissous.

X V I I.

Ceux des réclamans qui auront obtenu la vérification de leur administration départementale, ou de leur conseil d'administration & chefs d'état-major de division, ne pourront être inquiétés, ni pour la vente de leurs biens, ni pour l'éloignement de leur personne, jusqu'à ce qu'il ait été décidé sur leur réclamation.

X V I I I.

Le jury national a le droit de demander tous les renseignemens qu'il jugera nécessaires, soit près de l'administration départementale, soit près des commissaires du pouvoir exécutif, soit près du ministre de la police, soit près des chefs d'administration & des chefs d'état-major de division.

X I X.

Le curateur national mentionné dans l'article XIX sera nommé par le Conseil des Anciens, sur une liste de deux citoyens proposés par le Conseil des Cinq-Cents.

X X.

Le Directoire fera tous règlemens nécessaires pour la prompte exécution de la présente loi.

www.ingramcontent.com/pod-product-compliance
Lightning Source LLC
Chambersburg PA
CBHW061351050726
47595CB00005B/2185